CONRAD K. BUTLER

Los jets de pasajeros del mundo para niños

La importancia del transporte aéreo en el desarrollo del mundo actual es innegable. Por ejemplo, se estima que solo en 2019 los aviones transportaron más de 4.500 millones de pasajeros. La aviación no es sólo un medio de transporte, es también una enorme rama de la industria, la tecnología y la ciencia y una de las fuerzas impulsoras de nuestra civilización. Por lo tanto, vale la pena echar un vistazo a las máquinas que tuvieron un impacto superior al promedio en la historia y la forma del mercado de la aviación tal como lo conocemos hoy.

Airbus A300

La lista comienza con el primer avión creado por el consorcio Airbus: el Airbus A300 bimotor de fuselaje ancho. Airbus selló su debut con la apertura de una nueva página en la historia de la aviación: el A300 fue el primer avión de fuselaje ancho con dos motores (hasta entonces, esta categoría estaba reservada sólo a aviones con tres o cuatro motores). Este avión fue una respuesta específica a las necesidades de las aerolíneas, que ante la crisis de combustible de aquella época necesitaban un jet bimotor de largo alcance más económico. Durante los 36 años de producción del modelo A300, se fabricaron más de 560 ejemplares de este avión. Muchos de ellos todavía vuelan hoy.

Airbus A380

La presencia del Airbus A380 es indiscutible. Actualmente es la máquina utilizada para el transporte de pasajeros más grande del mundo. Este gigante apareció en el mercado a mediados de 2005. El A380 se ha convertido en una leyenda casi como el Boeing 747. En muchos aspectos incluso superó al famoso Jumbo Jet: lleva en su tablero (o en las cubiertas, porque el A380 consta de dos niveles) tiene capacidad para 853 pasajeros y su peso al despegue es de hasta 590 toneladas. Sin embargo, esto es sólo la punta del iceberg, porque el A380 ostenta muchos récords de aviación. Creemos que, a largo plazo, el A380 se convertirá en una leyenda como el Jumbo Jet.

Emirates
الإمارات

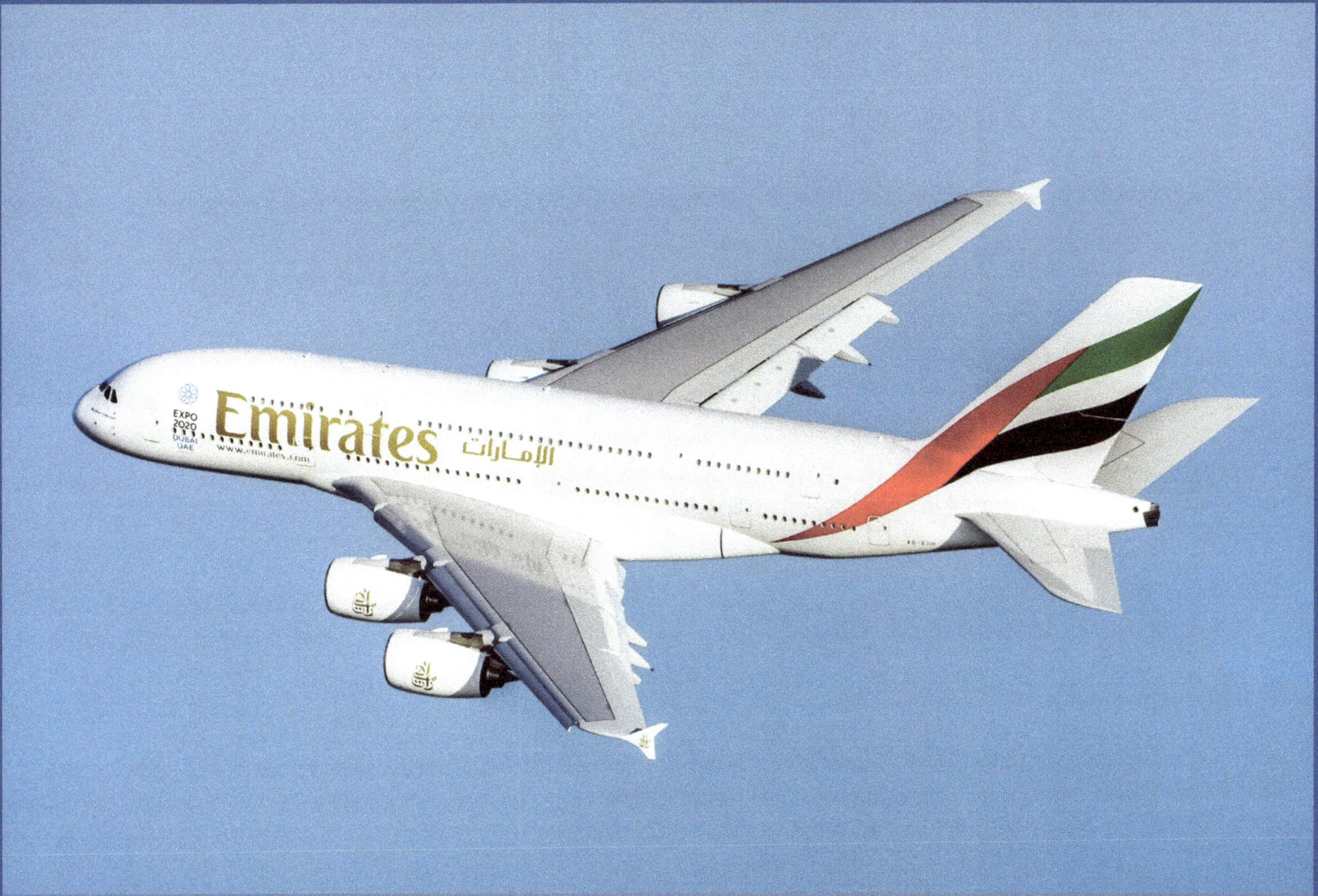

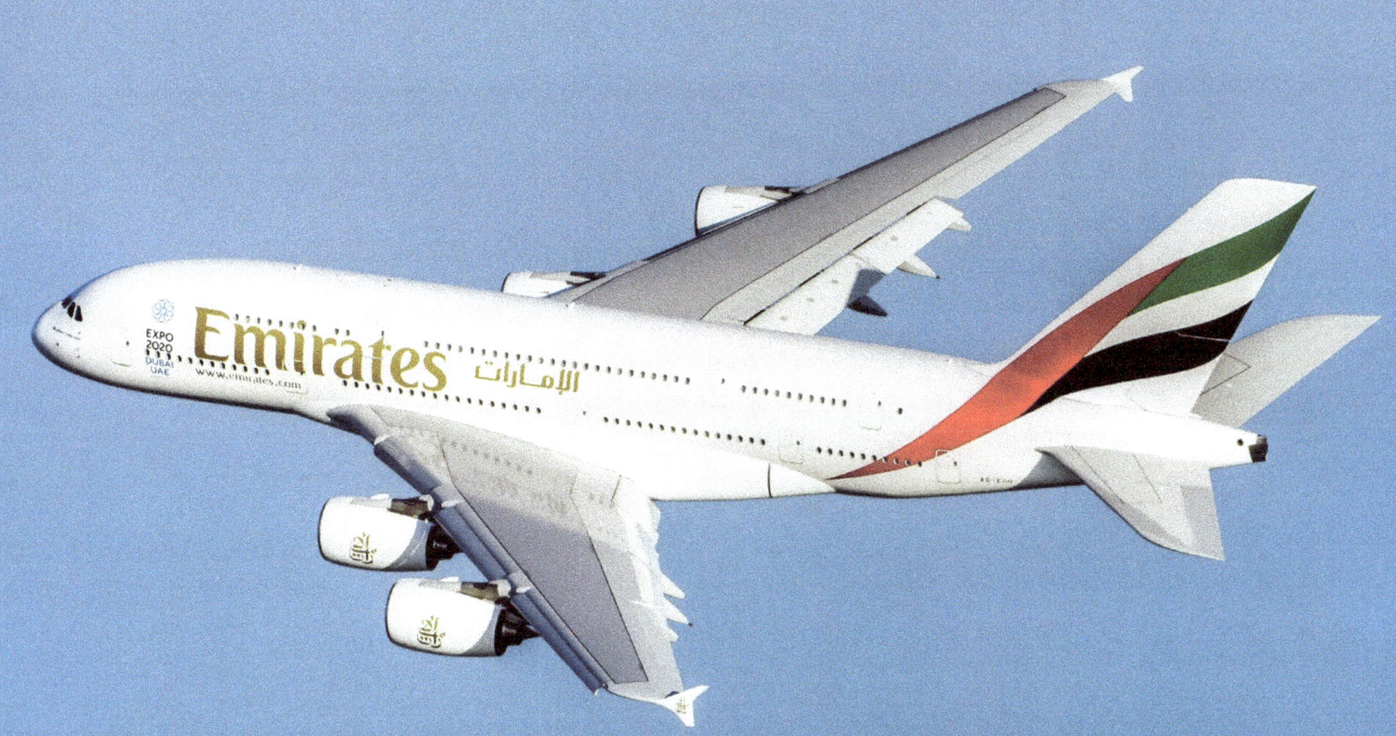

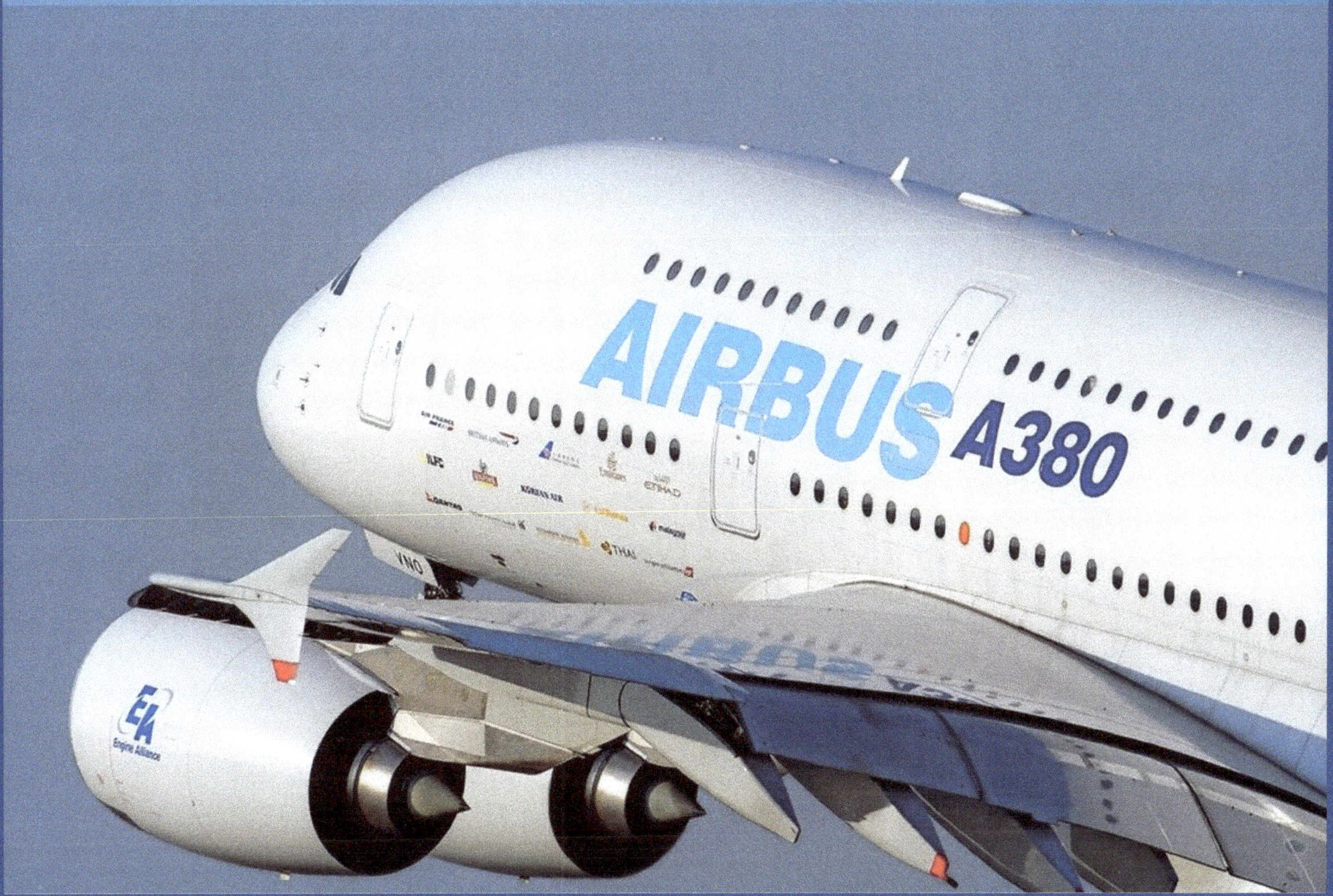
AIRBUS
A380

Boeing 777

El Boeing 777 es actualmente el avión bimotor más grande. Se produce de forma ininterrumpida desde 1993 y ha pasado por las líneas de montaje en más de 1.600 ejemplares. Para satisfacer las necesidades de este gigante, se creó el motor más grande y potente utilizado en la aviación civil: General Electric GE90 con un empuje de hasta 514 kN y un diámetro de carcasa de 3,53 metros (más que el diámetro de todo el Boeing 737 fuselaje!). A menudo se subestima la importancia de este avión. Boeing demostró con ello que los aviones bimotores, de funcionamiento mucho más económico, pueden alcanzar autonomías récord, transportando un número de pasajeros similar al que pueden transportar aviones equipados con cuatro motores.

Concorde

El Concorde es sin duda uno de los iconos de la aviación tras la Segunda Guerra Mundial. Este avión es fruto de una colaboración entre ingenieros británicos y franceses. Su trabajo es la realización de sueños de movimiento rápido entre continentes. Para ello era necesario superar la velocidad del sonido. Sin embargo, para superar los fenómenos que acompañaron a la crisis de las olas fue necesario diseñar un fuselaje muy resistente a las altas temperaturas y motores potentes que consumieran enormes cantidades de combustible. Esto hizo que el Concorde fuera tremendamente caro y sus costes operativos muy elevados. Los diseñadores de las mayores potencias de la industria de la aviación están preparando conceptos de aviones que son igualmente rápidos, pero mucho más baratos de operar. Quizás pronto podamos volver a superar la velocidad del sonido a bordo de un avión de pasajeros.

Boeing 707

Este avión es el primer avión de pasajeros que logra un verdadero éxito comercial. Es gracias a esta máquina que Boeing se ha convertido un líder mundial, desplazando a sus rivales Lockheed y Douglas de su pedestal. El Boeing 707 se convirtió en el avión que iba a ser el primer avión de línea: el De Havilland Comet. El Boeing 707 realizó su primer vuelo en 1954 y estuvo en producción hasta finales de los años 70. Durante este tiempo, poco más de 1.000 de estos aviones salieron de las líneas de producción. ¡Docenas de ellos todavía vuelan hoy!

De Havilland Comet

El cometa De Havilland es un avión único. Es el primer avión de pasajeros utilizado por aerolíneas de todo el mundo. A pesar de muchas soluciones pioneras, no logró un gran éxito en el mercado. Esto se debió principalmente a los problemas que plagaron la estructura: fallas de construcción y diseño, que resultaron en al menos algunas catástrofes. Sólo las versiones posteriores del Comet se convirtieron en los aviones en los que cada vez más clientes empezaron a confiar. Pero ya era demasiado tarde: un rival de Seattle acechaba a la vuelta de la esquina con un as bajo la manga: el Boeing 707. El Comet se fabricó en 125 ejemplares. Se trataba de un cuatrimotor con una autonomía de hasta 5.200 kilómetros, capaz de alcanzar un nivel récord de 12 kilómetros y velocidades de hasta 840 kilómetros por hora. El avión llevaba a bordo hasta 81 pasajeros. Hasta el día de hoy no ha sobrevivido ningún cometa: sólo puede admirarse en los museos.

Boeing 747 "Jumbo Jet"

El Boeing 747 es uno de los aviones más populares del mundo. El avión con una joroba distintiva es el primer avión de fuselaje ancho del mundo. Es un icono de la era americana del "sueño americano".
El 747 nos permitió lograr más y mejor. Lleva a bordo hasta 600 pasajeros y permite un vuelo de hasta 14.000 kilómetros sin repostar. Estas oportunidades han convencido no sólo a cientos de aerolíneas de todo el mundo. Aunque desde el punto de vista técnico el Jumbo Jet no supuso un gran paso adelante, su simbolismo, popularidad y bajos costes operativos contribuyeron a la popularización del transporte aéreo.

BRITISH AIRWAYS

The 'family' of the Airbus A320

Otro punto de nuestra lista es la familia de aviones Airbus A320. Lanzada a finales de los años 1980, la serie de aviones estuvo a la sombra del famoso Boeing 737 durante casi 30 años. Hoy en día, la familia A320 es tan importante para el transporte mundial como el mencionado 737. Así lo demuestran los registros de pedidos y ventas de estos aviones. Hasta la fecha, se han entregado más de 9.000 y miles más esperan su lugar en la línea de producción. La serie A320 también es importante por otro motivo. Se trata de una pequeña "revolución" tecnológica que se produjo con la introducción al mercado de la primera máquina de este tipo.

Boeing 737

Si volaste a algún lugar en avión, es muy probable que se tratara de un Boeing 737. Durante los 50 años de su producción, se han producido más de diez mil de estos aparatos y desde entonces han transportado más de 10 mil millones de pasajeros y millones de toneladas. de carga, y durante ese tiempo se desarrollaron consistentemente a tiempo completo. Es gracias a la creación del 737 que la importancia del transporte aéreo ha crecido tanto desde los años 1970. El Boeing 737 es un avión de fuselaje estrecho utilizado para transportar pasajeros en distancias cortas y medias. Su proyecto se creó en los años 60 en Estados Unidos, como respuesta a la creciente demanda de los pasajeros estadounidenses de viajes rápidos a distancias de varios miles de kilómetros. Rápidamente resultó que esta forma de viajar era apreciada no sólo en Estados Unidos sino también en el resto del mundo.

Lockheed L-1011 TriStar

El L-1011 TriStar es una pieza sólida de la historia de la aviación, porque el avión de largo alcance producido por Lockheed Martin era en el momento de su estreno el avión de pasajeros técnicamente más avanzado del mundo. Pero la competencia del Boeing 747 o del McDonnell Douglas DC-10 resultó ser demasiado fuerte y el Lockheed Martin L-1011 TriStar no ganó mucha popularidad. La compañía produjo 250 unidades de este modelo, pero también fue su primer y último avión civil, lo que finalmente provocó pérdidas por valor de 2.500 millones de dólares.

comprobar también:

y mucho más!